萨伊：生产、流通和消费

[韩]千圭胜 著
[韩]朴容硕 绘
巫玲玲 译

经典经济学
轻松读

中国科学技术出版社
·北京·

Jean Baptist Say's law
©2022 Jaeum & Moeum Publishing Co.,LTD.
㈜자음과모음
Devised and produced by Jaeum & Moeum Publishing Co.,LTD., 325-20, Hoedong-gil, Paju-si, Gyeonggi-do, 10881 Republic of Korea
Chinese Simplified Character rights arranged through Media Solutions Ltd Tokyo Japan email:info@mediasolutions.jp in conjunction with CCA Beijing China
北京市版权局著作权合同登记　图字：01-2022-5735。

图书在版编目（CIP）数据

萨伊：生产、流通和消费 /（韩）千圭胜著；（韩）朴容硕绘；巫玲玲译 . -- 北京：中国科学技术出版社，2023.9

书名原文：Jean Baptist Say's law

ISBN 978-7-5236-0072-6

Ⅰ .①萨… Ⅱ .①千…②朴…③巫… Ⅲ .①萨伊（Say, Jean BAptiste 1767-1832）—经济思想—研究 Ⅳ .① F095.654

中国国家版本馆 CIP 数据核字（2023）第 136664 号

策划编辑	何英娇　杨　硕	封面设计	创研设
责任编辑	庞冰心	责任校对	焦　宁
版式设计	蚂蚁设计	责任印制	李晓霖

出　　版	中国科学技术出版社
发　　行	中国科学技术出版社有限公司发行部
地　　址	北京市海淀区中关村南大街 16 号
邮　　编	100081
发行电话	010-62173865
传　　真	010-62173081
网　　址	http://www.cspbooks.com.cn

开　　本	787mm×1092mm　1/32
字　　数	54 千字
印　　张	5.25
版　　次	2023 年 9 月第 1 版
印　　次	2023 年 9 月第 1 次印刷
印　　刷	大厂回族自治县彩虹印刷有限公司
书　　号	ISBN 978-7-5236-0072-6 / F・1167
定　　价	59.00 元

（凡购买本社图书，如有缺页、倒页、脱页者，本社发行部负责调换）

序言

经济环境正在快速变化。历史学家们说,纵观人类历史,革命性的经济变化不过三次。

数千年以前,以到处狩猎为主要生活方式的人类发明了农耕,人类开始定居,形成部落,进入农业革命时期,这是第一次经济变革。科学技术发展带来的工业革命产生了大批量生产模式——工厂制,这是第二次经济变革。第三次经济变革则是电脑和网络的发明带来的信息革命。

这三次经济变化在每个时期都大大提高了生产力,人们的生活由此变得富足。但是,这同样也带来了副作用,环境遭到破坏,人与人之间也渐渐冷漠起来。

工业革命之前,农业是经济的中心,地主阶级是生产的支配者。生产成果也是地主所有。随着工业革命的发展,资本家出现,劳动者的地位上升,形成了新的组织机构——企业。政府机构的作用也由过去的治安管理和预防犯罪转变为直接参与生产与消费的主体。与此同时,生产创造的成果应该由谁享有的问题开始出现,成为严重的社会问题。

经济学就是为了解决这种社会问题而产生和发展的。为什么会出现经济问题?人们为什么不得不做出选择？做出哪种选择能把社会成本降到最低？生产和消费是经过什么过程连接在一起？会给彼此带来怎样的影响？价值是什么？怎样去界定？价格是怎样形成和变化的？谁决定生产方式和生产量？这些正是经济学要解决的问题。

经济环境变化后，经济理论也会随之变化。因为随着政治、社会的变化，影响各种经济主体的势力关系会随时变化，生产和消费的对象与方法也在不断改变。

萨伊是19世纪初期的古典经济学家。这一时期，在农业生产方式存在的同时，还出现了各种工业生产方式。这带来了经济的快速发展，居民收入也随之大幅度提高。物品只要生产出来就能销售出去。

萨伊在分析这种现状的基础上提出了著名的"供给能够创造其本身的需求"（即"销售论"或萨伊定律）的观点。俗话说，见物起心，萨伊的理论就是建立在"人们看到产品就会产生消费欲望"基础之上的。萨伊认为，生产出来的物品最终都会销售出去，因此不会发生供给过剩的情况。

他认为，物品能销售出去是因为有效用，而效用是产品生产劳动者的努力凝结而成的。由此，物品效用决定物品价值的"效用价值论"和劳动力、资本、土地"三位一体"公式慢慢形成，为"私有财产神圣不可侵犯"这一原则以及生产、分配、消费理论的形成打下了基础。

重视供给的萨伊定律在20世纪初期成为经济学的主流。这个时期，欧美各国因工业革命成了发达国家，市民生活因社会生产力的提高变得富足。但是，随着全球因生产过剩陷入了恐慌，萨伊定律再也无法解决经济问题，重视需求的新理论（如凯恩斯的"有效需求理论"）替代萨伊定律成为经济学主流。

但是，萨伊定律依然在解决我们生活中遇到的经济问题时发挥着重要作用。因为新的物品会不断刺激我们的欲望。

那么，从现在开始就让我们和萨伊一起，去探索无比复杂的经济生活是怎样实现的吧！

千圭胜

> 独家访谈 | 让·巴蒂斯特·萨伊
>
> # "企业家出身的经济学家讲述市场"

大家好!今天要给大家讲述的是萨伊先生经济学基础的相关知识。

现在,开始对萨伊先生的采访。

记者: 萨伊先生,请您先做一下自我介绍。

萨伊: 很高兴见到大家。我叫萨伊,我将给大家讲述的是经济学基础,包括机会成本和稀缺性，以及生产、分配、消费的相关知识。

记者：那么现在正式进入提问环节。萨伊先生您生活在什么时期？

萨伊：我生活在18—19世纪的法国。各位生活的21世纪发生了剧烈变化，我生活的时期，18—19世纪的法国那时也发生了翻天覆地的变化。文化上，欧洲经历过文艺复兴时期，古典主义与浪漫主义又不断发展，人们的艺术感和创意影响了所有的制度和传统。宗教上，随着宗教改革的深入，自由、平等、博爱等伦理标准植根于市民社会。经济上，工业革命的成功使资本主义市场经济构建了新的社会秩序。

记者： 原来是这样。您能详细说一下当时的历史背景吗？

萨伊： 在我出生170多年前的1598年，与罗马天主教会产生矛盾的法王亨利四世颁布了《南特敕令》，近代欧洲首次承认了个人宗教自由，赋予了在就任公职等方面受到歧视的新教信徒与罗马天主教徒同等的权利。

随着敕令颁布，法国的胡格诺战争落下帷幕，为法国在17世纪成为欧洲大国制造了契机。

> **职业召命说**
> 这是宗教改革家约翰·加尔文（1509—1564）主张的职业道德。"召命"意味着为了某种特定目的而接受召唤。职业召命说的核心内容是"奉神的召命做自己分内的事情。"

但是，近百年后的1685年，波旁王朝典型的专制君主——"太阳王"路易十四和罗马教会的关系再次恶化，他废除《南特敕令》，颁布了《枫丹白露敕令》，加深了对新教徒的迫害。新教信徒们不得不离开法国，寻找宗教自由。约翰·加尔文的"职业召命说"激励他们努力工作，成为法国工业的核心。他们的逃离导致国家财政枯竭，法国整体经济遭受巨大打击，最终成了引发法国市民革命的重要原因。

记者： 能讲述一下您小时候的事情吗？

萨伊： 我父亲是虔诚的新教徒，所以，我们家在《枫丹白露敕令》颁布后离开了巴黎，移居到在一定程度上允许新教活动的法国东南部的里昂，我就是在那里出生的。青少年时期，我在英国伦敦南部城市克罗伊敦的一个商人家里生活过一段时间，积累了作为企业家的经验。这是我在差不多12岁时做的事情。继承父亲的纺织工厂，成为企业家，也成了理所当然的事情。

记者： 既然这样，萨伊先生您研究经济学的决定性契机是什么？

萨伊： 18世纪末是经济学体系尚未形成完善的时期。我很好奇人们在从事经济活动时会对什么感到满足。同时，对于什么会影响经济满足感，我也苦恼了很久。21岁的我读了亚当·斯密（Adam Smith）写的《国富论》，受到了很大的触动，决定研究经济学。我比斯密晚46年出生，虽然没能亲眼见到他，但通过这本书，我觉得自己成了他的弟子。

记者： 您能讲述一下年轻时的相关活动吗？

萨伊：年轻时，因为对社会问题很感兴趣，我还写过一篇有关媒体自由的文章。那篇文章也是我面向大众写的第一篇文章。1789年，法国大革命爆发，这刺激了当时还是青年的22岁的我。之后，我回到法国，参加了市民军队。还和当时的代表性人物——政治家兼思想家奥诺雷·米拉波（Honoré Mirabeau）一起办报。1793年，我还在法国财政长官艾蒂安·克拉维耶（Etienne Claviere）运营的人寿保险公司工作过。

在研究经济学方面，克拉维耶和亚当·斯密对我产生了巨大影响。在法国大革命后政治稳定的6年间（1794—1799），我担任了名为"哲学、学问、政治时代"的自由主义俱乐部的哲学杂志主编。在那里，我开始研究亚当·斯密的理论。

记者： 听说您还在拿破仑政府工作过？

萨伊： 是的，1799年，我被任命为拿破仑执政府法制委员，后来，我因对独裁专政感到失望而离开了拿破仑政府，继承了父亲的事业，管理棉纺厂。当时正是英国最新技术为纺织事业带来巨额收益的时候。业余时间，我则专注于经济学论文的著述。

通过解读亚当·斯密的经济理论，积累了评论家名声后，我于1803年出版了我的代表作《政治经济学概论》。美国第四任总统詹姆斯·麦迪逊（James Madison）称赞这本书是"史上最优秀的经济学研究成果"，但它在法国却成了禁书，理由是尖锐地批判了经济现状。

1814年《政治经济学概论》再次发行，我还把它献给了俄罗斯皇帝亚历山大一世。

记者： 真是太厉害了。那后来呢？

萨伊： 1817—1830年，我又在法国国立工艺学院教授工业经济领域相关课程。1831年，我开始担任法兰西学院首位政治经济学教授，但第二年因脑卒中结束了一生。

我的后代也走上了经济学之路。法国在和普鲁士的普法战争中失败后，苦于巨额赔偿。把法国从财政危机中解救出来的知名财务长官莱昂·让·巴蒂斯特·萨伊（Jean Baptiste Léon Say）就是我的亲孙子。

记者： 众所周知，您通过需求和供给的发

独家访谈 | 让·巴蒂斯特·萨伊　IX

展走向，首次将收入分配关系系统化。您在构思这个理论时，经济状况如何？

萨伊： 工业革命之前，欧洲未能充分供应人们需要的物品，而且即使生产了，人们也没有钱购买，这种情况持续了很久。工业革命改变了这种经济状况。工厂开始生产大量的商品，其销售资金被分配给了工人、地主、资本家，创造了新的需求，商品一生产就立即被卖了出去。人们被抑制的消费欲望爆发了，企业逐渐加快了生产的步伐。我的"供给能够创造其本身的需求"的"销售论"因此得到了证实，被认为是近代经济学的基本理论之一。

记者： 原来，这个理论非常符合当时的情况啊。那和您有着相同想法的古典经济学家都有哪些人?

萨伊：始于亚当·斯密的古典经济学家还包括有"古典经济学的完成者"之称的大卫·李嘉图（David Ricardo）、英国人口统计学家托马斯·马尔萨斯（Thomas Malthus）和撰写《自由论》的功利主义哲学家约翰·斯图尔特·穆勒（John Stuart Mill）等。我们认为，为了让市场自由运转，政府不应该干预，应该听之任之，这有助于经济发展。因此我们是以自由主义为信条将经济学进行了系统化。

记者：但是，供给创造需求的"销售论"因20世纪30年代发生的世界经济大危机而崩溃。对此，您怎么看?

萨伊：我的"销售论"是一个基于工业革

命初期供不应求的经济现象的理论，因此不适合说明经济结构上供过于求的情况。经济理论不是超越时间和空间的绝对性理论，而是合理解决在当时情况下发生的经济问题的相对性理论，因此，如果经济状况发生了变化，则应该根据这种变化方向灵活改变经济理论。

就像在水烧开之前，谁都不知道水会沸腾，在恐慌爆发之前，谁都不知道恐慌这种会带来大量失业和产业崩溃危险的严重性。随着大萧条的来临，英国经济学家约翰·梅纳德·凯恩斯（John Maynard Keynes）用与"销售论"相反的理论解决了供给过剩问题。人们想要购买商品或使用服务的态度，即总需求决定总供给的"有效需求理论"被提了出来。

记者： 但是，您的"销售论"作为解释一般经济现象的理论，仍然发挥着重要作用。"销售论"作为20世纪80年代美国经济繁荣时期的供给学派的代表，不也是里根经济政策的理论源泉吗？

萨伊： 是的。里根经济政策是里根政府在1981年实施的经济复苏政策，是建立在供给学派"销售论"基础上的政策。比起短期应对性政策，这是调动经济根本活力的具体化表现。

相比在企业活动萎缩的情况下激活有效需求，这是一种帮助企业找出原因后解决问题来引导企业积极进行生产活动、激活供给、搞活经济的政策。为了抑制政府支出、促进投资，大规模减税、放宽限制、抑制通货膨胀的金融政策等成为核心政策，美国也通过这种民间投资促进政策成功搞活了经济，使供给成功创造了需求。

记者：您除了"销售论"之外，还确立了"三位一体公式"，这是说生产需要三种要素吗？

萨伊：是的。经济活动由生产和消费构成，生产是创造出新价值的活动。

以炒年糕为例，做炒年糕需要有生产者，此外，还需要制造场所以及燃气灶、厨房用具等设备，还要有年糕、蔬菜、辣椒酱等原料。人们这样利用场所和设备将炒年糕原料做成炒年糕的过程叫作生产，生产的结果就是炒年糕这种新价值被创造出来。

如果没有生产者、制作场所和设备，炒年

糕原料所具有的固有价值就无法转换成炒年糕这种新价值，生产也无法实现。因此，生产不可或缺的人（劳动力）、制造场所（土地）、设备（资本）要素被称为生产三要素。

记者： 您对劳动力、土地、资本三个要素都很重视啊。那么，分配又是什么呢？

萨伊： 生产活动创造新价值后，物品就会被某些人买来使用。这时，生产物品进行售卖的人，在扣除制造成本的基础上多多少少会剩些利润。对生产做出贡献的人则会分享这些利润。

提供劳动的人获得工资，提供场所（土地）的人获得地租，提供设备（资本）的人则获得利润和利息。我认为这些是经济活动的成果。

我特别强调企业家存在的重要性，即主张资本的神圣性。第一个使用"企业家"（entrepreneur）一词的人就是我。资本是企业家在生产中积累的。如果企业家能赚多少花多少，资本就无法形成。我们也可以认为，资本是企业家勤俭节约和辛劳付出的结果。

记者： 在您强调企业家重要性的时候，法国是不是也在为资本主义发展营造各种环境？

萨伊： 没错。其中之一就是设立股份公司。在法国，让设立股份公司变为现实的人是拿破仑。拿破仑征服欧洲，建立帝国后，深切认识到为了近代国家的发展，必须扩大生产。为了实现生产，作为主导生产活动的经济组织的企业非常重要。因此，他于1807年通过商法规定了无限责任公司、合资公司、有限责任公司等企业的形态，其中有限责任公司就是股份公司的典型代表。

当时是企业刚开始出现的时候，我曾对年轻人说，以挑战精神积累资本才有助于经济发展。"企业家"一词就是在那时创造出来的。所以，最近到处都能听到大家把挑战精神称为"企业家精神"，我心里很感动。

记者： 谢谢您的精彩发言。在接下来，让我们详细了解一下生产、分配、消费是如何进行的。

目录

第一章　知效用，懂经济 / 1

效用是什么 / 5

你有多满足 / 10

稀缺性和机会成本 / 14

三大基本经济问题 / 17

阻碍合理选择的因素 / 26

扩展知识　| 工业革命 / 31

第二章　生产、分配、消费 / 37

创造新价值 / 39

谁享有生产成果 / 49

如何使用分配物 / 53

扩展知识　| 鲁滨孙漂流记 / 61

第三章　谁带动经济 / 67

消费的主体：家庭 / 71

生产的主体：企业 / 76

财政的主体：政府 / 81

扩展知识 ｜ 公地悲剧 / 86

第四章　价格和价值 / 93

物品有哪些呢 / 96

为别人提供帮助 / 107

经济活动的信号 / 108

扩展知识 ｜ 斯密悖论 / 122

扩展知识 ｜ 价格泡沫 / 125

结语　供给能够创造其本身的需求 / 131

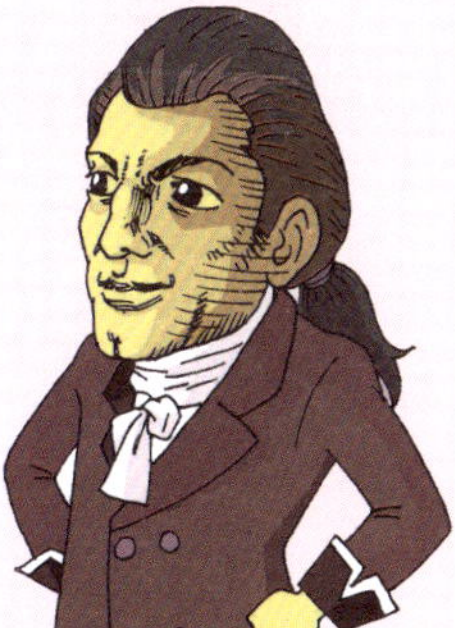

游乐场

兼职

电影

怎么使用有限的时间最好呢?

第一章

知效用，懂经济

在本章讲义中，让我们了解一下什么是经济满足和效用以及什么是稀缺性和机会成本。

人在生活中总有很多想做的事，但经常会因为钱不够而苦恼。你是否有过想做什么事情但苦于没钱的时候呢？你是否有过因为钱不够而犹豫要不要买好吃的零食，或者坐社区巴士舒服地回家的时候呢？听说古典经济学的学者们也有过这样的苦恼。人们总是想要更多的东西，但拥有的资源又总是不足，用这些有限的资源做什么事情才会获得最大的满足呢？思考、解决这种经济矛盾的过程就是经济学。

为了解决迫在眉睫的经济矛盾，怎样做才是最合理的呢？让我们一起了解一下吧。

19世纪初期，始于英国的工业革命扩散到了整个欧洲。机器带来的大规模商品生产给经济生活带来了翻天覆地的变化。人们的收入水平得到大幅提升，以至于经济学家称这次收入水平急剧提高的现象为经济革命。纵观人类历史，这样的经济革命不过三次。

长期以狩猎为生的人们发明了农耕后形成了农业革命，大规模的机器生产带来了工业革命，而电脑和网络则带来了知识信息革命。

工业革命后，随着封建地主主导的以农业中心经济转向以资本家和劳动者为主的工业中心经济，什么方法能扩大生产、通过提高生产力获得的收入该分配给谁又如何分配等问题开始出现，成为欧洲社会最关心的问题。

为了合理解决时时刻刻发生的经济矛盾，需要确立人们通过经济活动满足于什么又获得多少满足的相关理论。

效用是什么

经济学是科学地说明如何合理解决人们生活中遇到的经济矛盾的一门学问。最初的经济学的名称是政治经济学，因为当时的经济取决于君主的政绩。但是随着资本家和劳动者发言权的增强以及自由主义哲学的发展，对脱离于政治的经济本身特殊性的科学研究就变得必要起来。学者们开始了关于经济运作的原理是什么、形成经济基础的价值如何形成等问题的理论研究。同时，关于积累的财富分配给谁、是如何分配的、又给人们带来了多大满足等问题的相关研究也开始进行。

下面就让我们用具体的例子来说明一下效用是什么。

冬天冷，夏天热是必然的。在寒冷的冬天，毛线织的围巾能起到很好的保暖作用。当人们围上围巾，穿上外套出门时，一般的寒冷都能抗住。但是如果是夏天，就不一样了。在夏天，哪怕只是看到围巾和外套也会觉得热。因此，在不同的情况下，相同的物品给我们带来的满足感也完全不一样。随着人和所处情况的不同，其满足程度也不同。冬天，围巾和防寒服带来更多的满足；夏天，刨冰和空调带来更多的满足。

让我们更简单地说明一下效用吧。有种

鱼叫作鮟鱇鱼,它没有鳞片,身体被黏液覆盖,长相凶恶。据说,以前鮟鱇鱼要是和其他鱼一起被抓上来,会被再次扔进海里。长得令人厌恶是原因之一,处理起来不方便也很难让人把它当成鱼来看待。有一天,江原道①的一位渔夫没能抓到其他鱼,只捞了很多鮟鱇鱼,他做菜时感觉不合口味,就在辣汤里放了鮟鱇鱼煮,结果出乎意料地好吃。之后,江原道的人们便开始吃鮟鱇鱼汤。直到这时,鮟鱇鱼的用处才被发现。

由此可见,相同东西的有用程度也会随着人们知识和所处情况的变化而有所不同。我创造效用这个概念就是为了可以对比事物的有用性。

① 韩国的一个道级行政区。——编者注

萨伊：生产、流通和消费

无论是在西方还是东方,人们自古以来就强调效用的重要性。朝鲜中宗时代文臣兼学者成伣把历史传承下来的谚语整理成了《慵斋丛话》一书。书中有这样一句话:"在这个世界上,没用的是砌满的石墙、贫嘴的孩子、大手大脚的妇女。"

砌满的石墙是指石墙中间部分被挤出,呈容易倒塌状。这样一来,即使是砌得再坚硬的石墙也会很危险,所以只能推倒重砌。因此,砌满的石墙被视为无用的代表性事例。

现代社会,家家户户都只有一两个子女,所以孩子很珍贵。虽然在成长的过程中,孩子们正确地表达自己的意见,或询问不懂的东西,有时会被大人称赞为好奇心强、有创造力,但在以前,房子小、子女多,所以大人们并不喜欢孩子们吵吵闹闹。另外，因为当时大家一般都吃不饱、穿不暖，所以随意送给别人生活用品的妇女们被认为大手大脚，没有用处。

看起来不错，实际上没用的东西也有。比如没有箭的弓、没有诱饵的钓竿、筑城剩下的石头。夏天的帽子、火炉以及冬天的扇子等也是因不适用于季节而被认为没用的东西。

我们的俗语里有很多与效用相关的。比如"画饼不可充饥""狗拿耗子""和尚买梳子"等。这应该是先祖们教育我们要好好判断其用处后再行动吧。各位，在比较物品用处时，效用这个概念非常有用。

你有多满足

早期的经济学家相信效用就像称重，是可

以客观衡量的。他们相信，就像冷热可以用温度这一客观指标来衡量一样，我们通过消费获得货物和服务的满足感也是可以通过客观指标来衡量的。持相同观点的有边际效用学派创始人威廉·斯坦利·杰文斯（William Stanley Jevons），新古典学派奠基人阿尔弗雷德·马歇尔（Alfred Marshall）、奥地利的卡尔·门格尔（Carl Menger）以及一些早期的经济学家。

他们认为，不同的人进行相同消费时所获得的满足感，以及同一个人进行不同消费时所获得的满足感都是能够客观衡量的。

我们以冰激凌为例。如果 A 吃冰激凌的时候能够获得100分的满足感，而 B 吃冰激凌的时候能够获得50分的满足感的话，那么，对于 A 来说冰激凌的效用是100，而对 B 来说冰激

基数效用

指可以按1、2、3等基数来衡量满意程度的效用。

凌的效用则为50。这样，我们不仅可以知道，A在冰激凌上获得的满足感比B更多，而且知道是B的两倍。像这样，能够从客观上衡量的效用被称为"基数效用"。

人们满意程度的高低是否真的能够客观衡量？这种满意度的高低是否有意义？由于人们的满意度具有很强的主观性，随着经济学的发展，这些问题很难像温度高低那样被客观测量的问题提出来。

将水结冰的温度定为0摄氏度，将水沸腾的温度定为100摄氏度，然后将两者间的冷热程度以其间的数值来区分，这样就可以进行客观的温度测量。但是，吃冰激凌带来的满足程度会随着人们的喜好、季节、口渴程度而有所不同，因此无法制定一个标准，也无法像测量温度一样客观、准确地测定。同样地，经济满足也无法用数字来表示。而为了测定经济满足，"序数效用"这一概念开始出现。

> **序数效用**
> 以表示顺序的数字来表现满意度大小的效用。

序数效用理论指出，客观地测量特定的消费满意度是没有意义的，按照相对满意的顺序来把握在不同消费生活中获得的满意度高低即可。即使无法准确测定消费生活的满意度，也可以通过排序的方式说明哪种消费生活是有价值的。

例如，把人们对冰激凌、糖水、白开水的满意度按照高低顺序排列。这样一来，是不是就无须像测量温度一样用客观数值界定满意度，就能知道人们对哪种消费满意度更高了？

为了把握经济规律，关于效用是否有必要用客观数值表现出来，以及只比较满意度的排序是否充分的争论延续至今。随着经济学的发展，基于绝对数值的基数效用概念和基于相对顺序的序数效用概念分别通过理性选择理论和消费者理论得到了不断发展。

稀缺性和机会成本

理性选择理论
是新古典学派假设消费者行为都是合理的经济学理论。主张所有的选择都是通过合理比较费用和好处后实现的。

消费者理论
是分析消费者用既定收入获得最大满足的选择过程理论。是分析个人选择结果带来的各种经济现象的基础研究。

到目前为止，我们了解了用经济满足来表现效用的过程。那么，在人们的经济活动中，效用实际上起到了怎样的作用呢？

在我生活的18世纪，物资非常珍贵，因为没有电，所以一到晚上就要点亮蜡烛或煤油灯，别说汽车了，当时连电子产品都没有。

当时连做梦都不敢想的事情，在大家生活的21世纪已经变成了现实。但所有幻想的事情就都能实现吗？人们生活得越好，欲望肯定就越大，但往往又缺乏足够的资源来完成所有事情。首先没有钱，其次时间不足，即使钱和时间的问题都解决了，机会也是有限的。对于需求的无限性来说，给定的资源相对不足便称为资源的稀缺性。

稀缺性
是指与人的需求相比，能够满足需求的物质相对不足的情况。

如果这个社会是愿望都能实现的社会，那么迫切的愿望也会消失。因为所有的事情都如愿以偿了，就没有必要追究所做的事情好坏，或是哪些价值更高、哪些价值更低了，也就没有必要为了得到新的东西而放弃已经拥有东西的必要了。但现实并非如此,人们做不到所有的事情都能如愿以偿,也无法拥有一切。

以手机为例。30年前,手机还不像现在这样常见。价格贵得相当于一辆普通汽车,大小也有现在四五个手机合起来那么大,使用起来很不方便。30年前,人们第一次看到手机时,会认为它是稀有之物。但慢慢地,人们因不知道手机具有什么样的效用,所以,在当时,不会认为手机是稀缺的。现在情况不同了。手机又小又便宜,成为男女老少的必需品。当把手机忘在家里的时候,上班族一整天都会因为不方便与人联系而无法安心工作,因为现在手机产生了很大效用。像这样曾经的稀罕之物发挥效用的情况非常罕见。

人们常用的东西大部分都具有稀缺性,有人可以拥有,有人不能拥有,只能放弃。

在这种资源稀缺性支配的世界里,潜在的需求总是会高于生产能力,因此为了满足人们的需求,需要不断地生产。因此,如果没有供应限制,生产就会持续增长,而且需求和供给总是一致的,所以不会出现供应过剩现象。这就是前面提到的"萨伊定律"的核心内容。

三大基本经济问题

人们在生活中会遇到很多经济问题。其中最重要的问题有哪些呢?20世纪最活跃经济学家之一保罗·萨缪尔森(Paul Samuelson)在人们需要做出决定的经济问题中,选出最重要的三点,将其整理为三大基本经济问题。那就是

"生产什么、如何生产、分配给谁"。

·生产什么

资源充足的话，人们可以生产所有想要的东西，但由于资源稀缺，决定生产什么、生产多少，对资源的合理利用很重要。

> 因为资源稀少，所以某种物品生产得过多，只能减少其他物品的生产。因此决定生产什么是重要的经济问题。

如果是餐厅主人，就要决定用固定的劳动力和费用制作炸猪排还是炒年糕；如果是农夫，就要决定在地里种白菜还是种草莓。如果饭店老板需要的人力、场所、设备都能被满足的话，那么炸猪排和炒年糕都可以做出来卖。但如果人力和场所、设备有限，就只能选择炸猪排和炒年糕中的一个来卖。即使所有条件都具备，猪排和炒年糕都可以做出来卖,也要决定猪排要做多少,炒年糕要做多少。这是因为资源的稀缺性。

·如何生产

即使决定了生产什么、生产多少,但根据生产方式的不同,生产量以及产物的质量也会有所不同。

假如饭店老板决定做炸猪排,是买现成的材料回来加热,还是直接将猪肉加工后裹上面粉油炸?是使用平底锅,还是使用专门的油炸机器?随着这些生产条件的改变,炸猪排的味道和量也会有所不同。饭店老板在做炸猪排时,可以自己负责从购买猪肉、加工到裹上面粉油炸的整个生产过程,也可以将生产过程分配给别人。

另外，从整个社会的立场来看，在生产人们需要的物品时，还需要考虑是把生产种类和生产量交给市场需求和供给来调节，还是根据某些人的计划来调节。因为资源稀少，所以根据不同的生产方法，人们可能生产出更多高质量的物品，也有可能不是。

·分配给谁

在决定生产什么、生产多少、以何种方式生产后，还需要解决生产成功后，生产成果由谁获得及获得多少的问题。

我们来想想炒年糕店的情况。我们已经观察到，用年糕、蔬菜、辣椒酱等材料制作炒年糕并销售是能创造出新价值的。

在创造新价值的过程中，参与炒年糕制作

的人会得到从销售价格中扣除材料费后剩下的钱。但是剩下的钱不能由店主全部拿走。如果聘用了厨房阿姨，就要给厨房阿姨发月薪（工资）。如果租了店铺，就要向房东支付月租（地租）。如果从银行借了安装厨房设备的资金，就应该交利息。剩下的就是店主的收入（利润）。如果某人的份额增加，别人的份额必然会减少。即使店主本人在自己的家里亲自制作并销售炒年糕，剩下的钱中也有相当于工资、地租以及利息和利润的部分。

这种基本的经济问题在大家的日常生活中

> **机会成本**
> 指通过选择某种东西而放弃的价值。当物品有多种用途时，选择其中最大用途的价值，或者在三种以上物品中选择一种时，需要放弃的另一些物品的最大价值被称为机会成本。
>
> **效用与效益**
> 效用是比较相对满足程度的概念，效益是比较绝对满足程度的概念。用绝对数值比较成本和满足程度做出经济性选择的方法，经济学称之为成本 - 效益分析。

也会经常出现。假如明天是考试的日子，今天只有一下午的时间学习。那么是不是就需要决定花费几个小时、学习哪个科目（生产什么及生产多少）？是和朋友们一起学习，还是一个人解决问题？该不该向哥哥或姐姐询问自己不懂的问题（如何生产）？还有，为了谁学习（分配给谁）（不用考虑，当然是为自己学习）？

请大家仔细斟酌一下你们做的事与这三个经济问题是如何联系起来的。

现在大家应该知道如何巧妙地解决经济问题了吧？其方法是，做出能够获得更大满足的选择。为此，应该分析机会成本（opportunity cost）的概念。机会成本是指为了选择某种东西而要放弃另一些东西中具有最大价值的东西。

这是把机会成本和效用进行了比较。为了将机会成本与效用进行比较，双方都必须以数值来表示。用数值表示的效用（utility）称为效益（benefit）。

机会成本因人和时间而异。机会成本是人们感受到的成本，具有主观性和相对性。同理，效益也会根据感受主体的不同而有所不同。因此，只有把具有相对性的机会成本和经济效益进行比较时，为解决经济问题而进行的合理选择才变得可能。

> 机会成本因人而异。也就是说因为这是人们主观上感受到的成本，所以可以说是相对的。

但是，回顾人们的选择过程，经常会出现不好好考虑机会成本的情况。让我们想想和朋友一起去游乐园的情况。

大家通常认为，像交通费、入场券、零食费等去游乐园花的费用是直接成本。但是仔细想想，除了这些费用，其实还有很多需要考虑的事情。为去游乐园而放弃的代价，即放弃做功课时，你需要考虑做功课能提高的成绩；放弃打工时，你应该考虑能获得的时薪；还有能看的电影、能帮助父母做的工作或者能做的运动。更要考虑为去游乐园没能做的所有事情中，最让你满足的事情是什么？细究之后，如果觉得去游乐园最好，也就不会发生在尽情玩耍之后感到后悔的事情了。

成人做的事情中，也经常会有不考虑机会成本的情况。

这是2010年冬天的故事。每年冬天，韩国的畜产农户家里都会发生不同程度的口蹄疫。

因此，政府认为，一旦天气开始变冷，就会暴发口蹄疫。事实上，口蹄疫病菌抗热性弱，即使牛或猪染上口蹄疫，只要煮熟后食用，就不会对健康造成任何影响。但是，如果不对有可能患有口蹄疫的家畜进行扑杀处理（宰杀后掩埋或烧毁的行为），出口就会受到影响。维持畜牧业的所谓的"清洁"显得很有必要。因此，口蹄疫发生后，政府便将所有可疑的牛和猪进行掩埋处理。

政府认为口蹄疫病菌很快就会消失。但出乎意料的是，口蹄疫扩散到全国，进行掩埋处理的牛和猪达到了数百万头，直到这时，政府才意识到花费了很多机会成本。韩国每年通过畜产品出口赚到的钱只有几十亿韩元，但扑杀处理却花费了几万亿韩元。而且，由于急于掩理，也未能提前考虑垃圾渗滤液等环境问题。

阻碍合理选择的因素

如果人们无论何时都能做出合理的判断，这固然好，但也有很多情况并非如此。下面让我们来看一下阻碍合理选择的因素都有哪些。

·无视机会成本

最大的问题是人们不考虑机会成本，只考虑支付的费用。

假设在正规商店销售的正版影碟价格是路边销售盗版产品的10倍。如果顾客只图便宜，没买正品，而购买了盗版产品的话，不仅影片画质不好，也不能得到退货或其他正常的售后服务。万一被管理部门发现，还可能会被处以正版影碟几倍价格以上的罚款。

从事盗版买卖的人的心里也会留下有过非法行为的印记。更重要的是，影碟制造商认为即使制作正版产品也卖不出去了，就逐渐不再制作影碟了。这样一来，文化艺术产业只能逐渐萎缩，我们最终也就无法欣赏到好的电影和音乐了。因此，如果不考虑看不见的机会成本，就很难做出合理的选择。

·执着于沉没成本

人们还往往执着于本应该放弃的费用。他们执着于已经支出且无法回收的成本，即沉没成本（sunk cost）。

> **沉没成本**
> 是指已经发生，无法回收的成本。因为无法重新找回，不如彻底放弃，尝试新的选择才是明智的决定。

我们想想，买了美味的面包后，本想省着吃，却过期的情况。想吃面包，就要买新鲜的面包吃，如果因为觉得舍不得而吃了过期的面包，可能会生病。但是有些人就是会觉得扔掉太可惜，而把面包吃掉。这就是执着于沉没成本。等到吃出了问题，花费了比面包价格更高的医疗费后，才感到后悔。

·执着于平均成本

> 固定成本是指不受选择次数变动影响，能保持不变的成本。

从现在开始，你可以养成把至今为止花费的全部成本一次性考虑好的习惯，分开考虑到目前为止投入的成本与从现在开始增加的成本。你需要了解一下固定成本的概念。

假设从首尔到济州的航班人均票价为10万韩元，飞机运行所需成本除以座位数后，每个座位的平均成本为7万韩元。在座位有富余的情况下，如果一名乘客以5万韩元的价格要求购买机票，那么航空公司该不该接受这位乘客呢？

航空公司接受该乘客时可获得的额外收入仅为5万韩元，虽远不及座位平均成本的7万韩元，但搭载该乘客需额外增加的成本也只是飞行途中提供的饮料价格。因为无论是搭载一名乘客还是一百名乘客，油费、乘务员工资、机场滞留费等这些基本的固定成本都是一样的。所以，航空公司即使只收取5万韩元来搭载这名乘客也是合理的。但是，在人们的意识里，只需要收回目前为止花费的本钱即可，所以很容易认为如果得到的钱低于座位平均价格，就不能搭载该乘客。

让我们重新整理一下到目前为止所学到的知识吧。

人们在生活中会遇到各种经济问题。因为比起想做的事情，资源是不足的。这种情况叫作稀缺性。因此，为了合理解决经济问题，需要考虑机会成本与效益，就是把包括隐性费用的机会成本与以数值表现经济行为满意度的效益进行比较。

扩展知识

工业革命

工业革命是指以技术发展为契机,将传统的手工业生产方式转变为机械主导的大规模工厂制生产方式,从而引发经济、社会环境发生巨大变化的事件。

随着人类的生存方式由狩猎转为农耕,土地成了从古代到近代生产的核心。到17世纪,欧洲近80%的人口从事农业,农业在很长时间里是经济发展的中心。但是随着制造业的快速发展,很多农业人口流入制造业,因此城市化自然而然地得到了发展。当时欧洲的农业大部分是全家人一年四季共同参与劳动、共同收获的家庭农业，但制造业需要以更大的单位投入劳动力，而不是以家庭为单位。也就是说，在规定的时间内集体投入劳动的生产方式出现了。这样一来，如何分配生产的结果成了重要问题。家庭农业的情况是，除了地租，农耕的份额可以由一家之主拿走，但是随着制造业的发展，更多人参与生产后，出现了如何确立资本家的份额、如何确立劳动者个人份额的问题。就这样，劳动力、土地、资本这3个生产要素在分配过程中相互竞争，实现了市场经济的发展。

初期的工厂制生产大部分采取劳动密集型生产方式，因此需要动员大量的劳动力，工人们聚集在工厂周围形成城市化，由此引发了居住、给水排水、休闲、消防、治安、社会保障等问题。需要解决的经济问题大量增加。

资本的所有制也发生了变化。工业革命初期，有钱的地主阶层参与制造业，垄断了资本。但是随着经济的发展，企业的规模扩大，仅以个人资本很难维持企业运营，因此出现了集合多人资本设立企业的尝试。股份公司等近代所有制形式开始出现。

政府的作用也发生了很大变化，随着社会要求变得更加复杂，政府开始以各种方法介入市民生活。原本只注重国防和治安的政府制定了多种与经济相关的法律制度，在解决社会中市民发生的经济问题时，政府不仅起到仲裁者的作用,还起到最终问题解决者的作用。

经过这样的过程,关于财富是如何积累的,人们满足于什么生活,生产、分配、消费如何进行等问题的理论建立了起来。经济学得到了实质性的发展。

面
饭
学校
炒饭
烤面筋
烧烤
烤冷面
煎饼
手抓饼
学校前面真没有饭店啊。
一起开家饭店吧！
我们按照三大经济问题想一下吧。
生产什么呢？
就生产学生喜欢的炸猪排吧！
饭
学校
如何生产呢？
用机器和平底锅。
我们分一下销售的利润吧。
是为了谁而生产呢？
这种经济问题由于因为资源紧缺而发生的选择问题。
提出的生产什么、如何生产、为谁生产的理论太优秀了！
现在，让我们向萨伊先生行礼……
咳咳
萨伊
以后再行礼……先筹备开饭店吧！

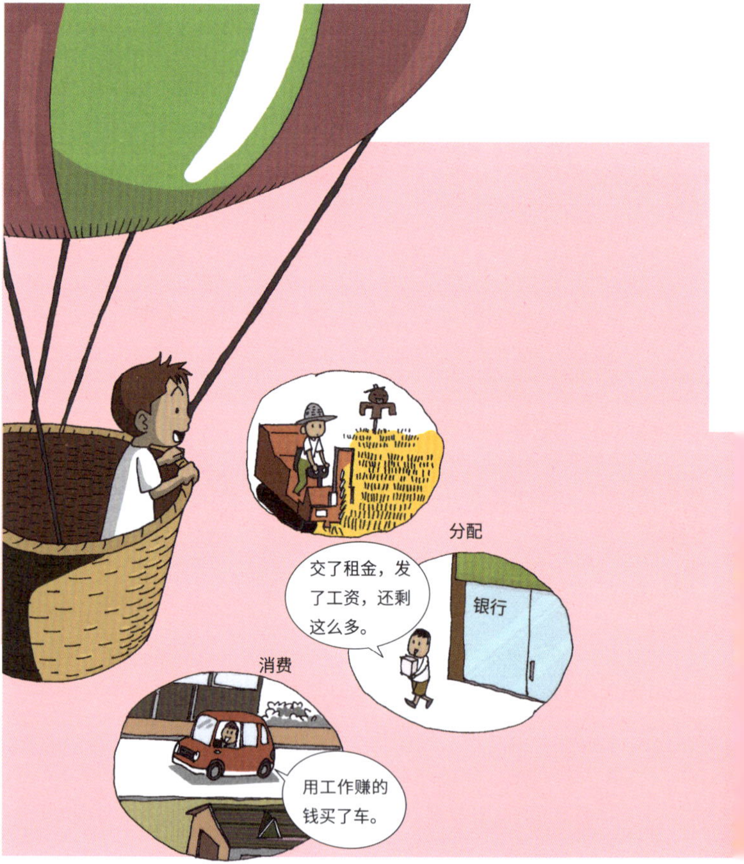
分配
交了租金，发了工资，还剩这么多。
银行
消费
用工作赚的钱买了车。

第二章

生产、分配、消费

到目前为止,大家已经了解了为什么会出现经济问题,为了合理解决经济问题应该怎么做。下面我们来谈谈构成经济活动基础的三个要素——生产、分配和消费。

创造新价值

生产是指创造有经济价值的商品或增加原有商品价值的活动。为了创造某种东西,需要人们的努力。这种努力叫作劳动。除了劳动,生产还需要什么呢?

种水稻需要农夫的努力,需要播撒稻种的水田,即需要土地和稻种。播撒完稻种后,需要往稻田里灌水。同时培育水稻既需要肥料,

> **生产**
> 是指人们直接或间接地制造生活所需的财物或服务的行为。

也需要防病虫害的农药。稻子成熟后要进行秋收，然后把秋收的水稻碾碎，制作出大米。整个过程所需的农夫的努力就是劳动。

水田和水是自然环境，稻种、肥料、农药是已经被生产、加工的产物。为了更有效地种植水稻，不仅需要播种机或抽水机，还需要联合收割机或拖拉机等农机。生产所需的机器或工具被称为生产工具。同时，人们还需要让农机通行的道路以及储存水的水库等社会间接资本。

像这样，为了重新创造有经济价值的东西或增加原有价值，在土地、森林等自然资源或已经被生产、加工的原材料等基础上，灵活利用机械或工具等生产用具和社会间接资本等方法投入劳动力的行为就是生产。

但是生产并不只是指制造出物品的行为。为了将制造出来的东西卖给需要的人而转移、保管东西的行为也包含在生产中。当然,卖东西的行为也是生产。

文具店老板向大家出售笔记本也属于生产。文具店老板究竟生产了什么呢?他生产了一种叫作流通行为的服务。大家直接去制作笔记本的工厂买笔记本,会有很多不便之处,而如果文具店老板把笔记本陈列在文具店,大家就可以直接购买使用,因此会产生相应的、新的效用价值。像这样的流通行为也会成为生产行为。

亚当·斯密认为,像服务这种非物理性的东西是无法保存的,所以不是财富。因此,他认为服务所需的劳动是"非生产性劳动"。但

是，我利用效用这一概念，以生产为逻辑，把给消费者带来效用的所有活动服务定义为"非物质财富"。此后，很多经济学家也没能脱离这种逻辑。

·生产的目的

生产的目的是创造出人们在生活中使用的财物或服务。生产会产生新的价值,这种价值被称为附加价值。某种活动是不是生产取决于是否产生附加价值。因此,也可以把生产定义为创造附加价值的行为。

如果制造某种财物获得的附加价值小于制造该财物时投入的劳动力和资本价值之和,那么就不能说制造该财物的行为是划算的。

有些时候,人们感觉自己好像赚了很多钱,但仔细算来反而是赔钱。种大米也一样。辛苦耕耘了一年,收获的大米全部卖光后,却没能余下稻种、肥料、农药的购买费和农具的维护费,那稻子就相当于白种了。

但是,随着最近饮食生活的改变,大米的

消费逐渐减少。受外国进口的廉价大米影响，大米价格处于原地踏步的状态，同时化肥和农药价格却持续上涨，农民们无法达到收支平衡的情况经常发生。因此没能成为划算的生产活动。但如果人们因此不愿种植水稻，国家粮食资源就会进入紧急状态。因此，政府会向种植水稻的人提供补助金来维持粮食资源。

> **附加价值＝物品或服务的总销售额－生产要素的总购买额**

生产需要自然资源、人力资源和物质资源。土地是自然资源，劳动力是人力资源，原材料和生产工具是物质资源。这三种资源在经济学中被称为"生产三要素"。

自然资源一般被称为土地，土地是指包括矿山、油田、山林等一切自然资源的概念。

第二章 生产、分配、消费 45

海洋中采集鱼类的作业区、温泉以及矿泉水来源的地下水,所有这些在经济学上被称为"土地"。

稻种等原材料是与人类努力的劳动相结合的中间产品,不是自然资源。除了这些中间产物,自然原有的资源都属于"土地"。

但是,被称为"土地"并不意味着其中完全没有人类介入的努力。农耕时,人们挑出地里的石头,为了使土地适合播种进行耕耘,为了让稻种茁壮成长适当浇水,这些都包含了相当多的劳动。如果把稻田卖给别人,稻田本身也会成为优秀的商品,但这只是出售稻田时的事情。耕种时,稻田还是被解释为等待劳动力投入的自然资源。

人力资源是指劳动力,是指包括主动引导

生产过程的、包括人的能力和意志在内的劳动力。此外，劳动中不得不考虑的还有技术。所谓经济发展，就是因为有技术的发展才能变为现实。技术的发展也会影响收入水平。

工业革命证明了这一事实。在工业革命之前，世界经济是围绕农业形成的。在农业机械化之前，生产工具不好用，只能借助牛和马的力量，产出完全配不上投入的劳动力。工业革命带来了机械化，农作物产量急速增加，收入水平也提高了。

物质资源是指自然生产环境和劳动力之外的所有资源，也叫作资本，包括：建筑物、机械、设施等固定设备；生产的原料以及中间产品；产品中未销售的部分，即成品的库存等。物质资源是指人们创造的资源。

自然资源和劳动力资源无法被人为地创造，所以它们被称为原始生产要素或基本生产要素。相比之下，作为物质资源的资本本身就是人为创造的，是与人类的劳动力结合在一起的。从这个角度出发，人们把资本称为衍生性生产要素或第二生产要素。

工业革命前后，生产所需的经济资源仅仅是土地、劳动和资本。但是随着经济的发展，出现了多种生产要素。首先是企业家的能力。为了有效生产，建立必要的组织并进行运营的企业家的能力被认为是与劳动不同的第四生产要素，其中也包括企业经营所需的风险承受能力。

其次是信任关系。无论杰出的企业家在多好的自然资源上投入多优秀的劳动力与充足的资本，或者制造出了多好的物品或服务，如果得不到消费者的信任，商品就无法正常销售。因此，应该将消费者的信赖关系视为重要的生产要素。此外，经济学界还有把灵活运用知识或信息的能力作为新生产要素的倾向。

谁享有生产成果

现在，我们对生产有了基本的了解。但是，人们为什么要制造财物或服务呢？是因为喜欢吗？不是的。是因为分享通过生产创造的新价值很有趣。像这样分享新创造的价值即附加价值的行为就是分配。

> **分配**
> 把生产成果分配给生产参与者的行为叫作分配。

人们会以各种方式参与生产。一些人在公司里就职或在自己的店铺里工作，一些人会把自己的土地、建筑物、钱借给别人,以此为成本获得收入。收入能够如此多种多样的原因就是,人们通过生产创造了不同的新价值,即附加价值。就像所有经济资源都很稀缺一样,附加价值也是稀缺资源。因为附加价值是同时利用稀缺的劳动力、稀缺的土地以及资本创造出来的。因为稀缺,任何人都无法随心所欲地拥有,参与生产的人会根据相应的标准或惯例分享成果。分享附加价值的最公平方法是计算土地、资本、劳动等各生产要素对生产做出了多少贡献。

在学习"生产三要素"时,大家知道:使用自然资源的代价是地租,付出劳动的代价是工资,提供资本的代价是利息。而企业家努力的代价是利润。

整个盛夏时节,农夫都在务农,秋天稻子成熟。收获稻子后,销售加工处理后得到的大米的钱由谁来享有呢?水田属于自己的话便无所谓,但如果是别人的话,就要向水田主人支付地租。如果是自己一个人种的地,工资肯定是自己享有,但如果因农活辛苦而接受了别人的帮助,就要向那个人支付工资。如果因为买稻种、肥料、农药的钱不够,从银行借了钱的话,就要向银行支付利息。如果借用了农具,那也要支付使用费。这种使用费也属于利息。地租、工资、利息作为投入生产要素的代价被称为要素收入。

在生产水稻获得的附加价值中,支付地租、工资、利息等要素收入后剩下的钱便是计划并主导水稻种植的企业家即农民本人的

土地所有者

农夫

农药店主人

银行

帮工

利润。

　　如果生产参与者对分配不满,生产就不能顺利进行,因为这种不满会影响到下一个生产过程。

萨伊:生产、流通和消费

> **附加价值 = 地租 + 工资 + 利息 + 利润**

让我们重新回顾一下水稻种植。如果租给农夫稻田的土地所有者因地租少而感到不满的话，第二年就不会把稻田租给农夫了。认为工资少，帮工第二年也不会参加农活。银行如果不能正常收回利息，就不会再借钱出去。如果农夫作为企业家的利润变少了，也会对农活失去兴趣。因此，附加价值的多少固然是个问题，但如何分配价值的问题也非常重要。为了不让所有的生产参与者产生不满，应该公平、公正地分配。

如何使用分配物

个人为了提高自己的经济满足感而消耗财

物或使用服务的行为被称为消费。人们会用参与生产获得的收入购买日常生活所需的物品或服务。

刚开始，人们以物物交换的形式换取需要的东西。后来随着经济的发展，货币产生，以货币为媒介的交换方式得到了发展。生产成果开始以货币进行分配，人们用分配获得的货币购买需要的物品或服务。这被称为消费支出。

如果说生产是投入人们所拥有的资源，制造生活所需的物品或服务的行为，那么消费是什么呢？

消费是指人们为了做自己想做的事而付出金钱、物品、时间、努力的行为，不论他们以何种形式分配其得到的资源，消费者为购买财物或服务而花钱的行为都称为消费支出。

消费和消费支出不一定是一致的。

为了做饭,首先要买大米。这就是消费支出。但是,一般情况下,通过这种消费支出购买的大米不会一次性全被消费掉,每次做饭都只消耗所需的分量。购买电视而进行的消费支出也不是一下子就能消费完的。到换成下一台电视之前,这台电视会被慢慢消费。一次性购买的大米或电视能被"消费多长时间"固然重要,但"消费支出多少"也很重要。消费支出是实际了解购买大米或电视等需求的直接标准。

一般来说,消费指像大米或电视这种终端消费品的消费。而这种终端消费品的消费是人们为了日常生活而进行的消费,因此也被称为个人消费、家庭消费或本能性消费。

相反，为了生产而购买原材料或中间产品的行为被称为生产性消费。生产性消费虽然带有消费一词，但它是为了生产新的价值而购买、使用了生产要素，所以严格来说，这不是消费，而是生产。

农夫为了耕种而购买肥料或农药，并不是农夫为了维持日常生活而进行的消费，而是以生产大米这一新的价值为目的而进行的消费，因此属于生产性消费。餐厅老板为了制作并销售食物而购买原材料也是生产性消费。

但是，如果有人认为人们吃饭睡觉是为了创造某种东西而准备的过程，据此细究吃饭睡觉是否也属于生产活动，事情就会变得非常复杂。重要的是要正确了解生产和消费意味着什么，而不是让事情复杂化。

换句话说，店主向顾客出售汽水是为了赚钱，所以是生产，但店主因口渴而喝汽水的行为就不是生产，而是消费。

·关于储蓄

以参与生产为代价获得的收入并不是全部要以消费来支出。虽然也有收入和消费支出一致的情况，但大部分消费支出后会有结余。或者相反，消费支出高于收入。

收入减去消费支出后，剩下的闲置资金就是储蓄。储蓄也可以说是把现在的收入保存下来作为未来消费资源的过程，而不是马上进行消费。

如果消费支出多于收入，该怎么办？这种情况没有其他办法，只能负债。负债就是把认为未来能获得的收入的一部分提前用于消费支出。如果负债者未来没能赚到可以偿还债务的钱，会怎么样？最终会沦落为欠债的人。

·韩国的储蓄率

在1995年，韩国的人均国民收入达到1万美元，韩国的个人储蓄率为23%。而在2007年，韩国的人均国民收入增加了1倍，达到了2万美元，但韩国的个人储蓄率却减少到了2.3%，即1万美元时期的十分之一。1995年，韩国家庭的负债比例是年收入的75%，到2007年增加到了160%。即在收入增加1倍的时间里，储蓄率只有之前的十分之一，债务所占比例增加到原来的2倍多。人们花的比赚的更多。

更严重的问题是，收入排名前20%的人尽

管每月尽情花，还是会有200万韩元以上的结余，而收入排名靠后20%的人虽然节省着用，每月还是会有40万~50万韩元的缺口。

这意味着贫富差距正在加大。生活困难的人虽然抱怨钱不够，但是，从收入水平不到现在的一半时储蓄却是现在的10倍的情况来看，他们并不是因为钱不够而无法储蓄，是因为消费增加了。但越是困难，越要储蓄，这样才能为美好的未来做好准备。

所以说，人们需要合理消费。合理消费是指在收入范围内仔细计算成本和效益后进行的消费。以最少的成本获取最大的效用是经济的基本原则。为符合经济的基本原则，需要以较少的成本获得满足的消费。因为收入是有限的，所以需要做出合理的选择。人们需要经常思考在哪一方面消费时最满意,在哪一方面投入的机会成本少。

冲动消费、模仿消费、炫耀消费、过度消费总是诱惑着我们,但这些消费绝不能说是合理的消费。

扩展知识

鲁滨孙漂流记

《鲁滨孙漂流记》是英国作家丹尼尔·笛福（Daniel Defoe）在接近60岁的时候写的一部长篇小说。该作品一经发表，就为笛福带来了巨大关注。

故事情节如下。约克郡出生的船员鲁滨孙·克鲁索不顾父亲的劝阻，出门航海。途中，船只失事，他只身一人漂流到了无人岛。但他没有气馁，而是通过创意性的挑战精神和勤劳努力克服了无人岛的生活。首先，他从遇难船只上取出了粮食、服装、武器等，然后建造小木屋，生起了火，具备了基本的生活条件。随着时间的流逝，他开始种植野生大麦以制作面包，把泥土烤制成碗使用。通过圈养山羊，他获得了奶和肉，还制作了黄油和奶酪。他自己还制作了日历。就这样过了27年。某一天，鲁滨孙·克鲁索救了一个被食人族抓获的原住民。那天正好是星期五，鲁滨孙·克鲁索就叫那个原住民"星期五"了。"星期五"会在生活上帮助他，例如跑腿。鲁滨孙·克鲁索不但教授"星期五"英语、开枪方法以及挤奶方法，还给他做衣服穿。

最终，两人共同生产，共同分享和消费生产成果。

鲁滨孙·克鲁索在1年后乘坐中途停靠在

无人岛的英国船只回到了祖国。他在困难中始终没有失去希望、信任、忍耐、勇气，而且成功开展了经济活动。

姐姐，这大米是谁做出来的？

农民生产的。

什么是生产？

生产是指投入已有资源，制造所需物品或服务的行为。

种庄稼时，种苗、浇水、施肥、为防止病虫害喷洒农药，然后秋收，这些都是"生产"。

文具店大叔虽然没有亲自制做笔记本，但是生产了通过购买、陈列来提升效用价值流通行为的服务。

但农民大叔并没有直接销售大米啊。

但顾客支付的大米钱里……

包括了农民租借土地的费用，向银行借钱发生的本金和利息，以及农民的收入。

这叫作分配。

这样用分配得到的收入购买物品或服务的行为被称为"消费"，就像顾客您一样。

姐姐！什么生产啊，分配啊，消费啊，我都不需要！

饭太好吃了，我瘦不下去，你把饭做得难吃点！

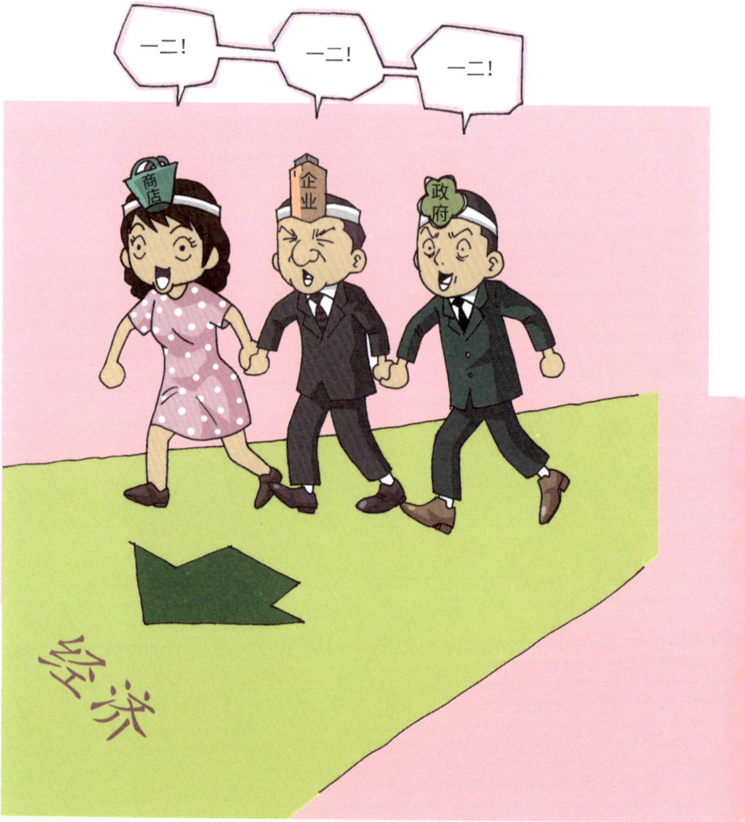
一二！
一二！
一二！
商店
企业
政府
经济

第三章

谁带动经济

经济活动由生产、分配、消费组成。那么,经济活动是由谁带动的呢?本节课程中,让我们来了解一下家庭、企业、政府的经济活动,以及企业的必要性和作用。

家庭会以家庭成员参与生产而获得的收入来消费物品或服务。由这样的共同体组成的经济单位叫作"家庭"。家庭是消费的主体。最近，比起家庭，以个人为单位的消费正在增加，因此消费的主体变为了个人，也被称为消费者。

那么生产的主体是谁呢？是生产并向我们提供所需物品或服务的企业。企业是为了获取利润而开展生产活动的经济单位。家庭和企业合在一起，就形成了地区、社会和国家。为了管理地区、社会或国家而负责生产和消费的经济单位被称为政府。

在市场经济中，很多家庭和企业会与政府相互配合进行经济活动。企业生产的物品和服务在市场上供应时，家庭就会购买这些物品和服务。购买财物和服务所需的资金由家庭向企业提供生产要素获得。企业雇用包括劳动力在内的多种生产要素，家庭则以此获得收入进行消费支出（见图3-1）。

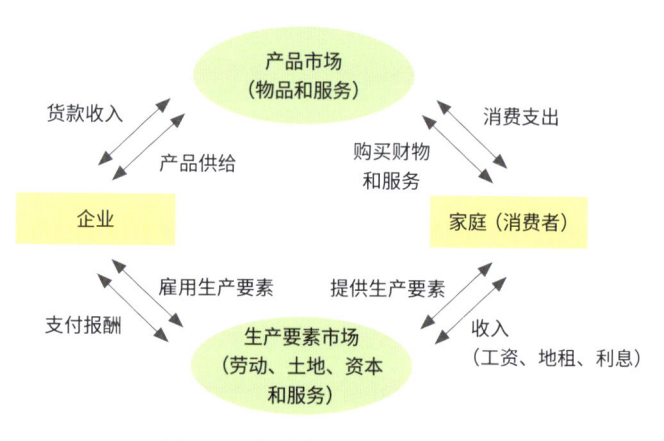

图3-1 经济主体的相互依存关系

经济主体的相互依存关系

另外,政府会以税金的形式从家庭和企业收取经济活动所需的资金,并向家庭和企业提供公共产品。但是这些活动并不都是经济性的活动。大家已经学习了用最少的资源获取最大效用的经济基本原则,应该可以区分什么是经济活动,什么是非经济活动吧?

在投入一定费用时旨在获得最大的效益,在效益不变时旨在投入最少的费用,这就是经济活动。

消费的主体:家庭

决定买什么、从谁那里买、买多少的选择不仅对家庭本身的经济生活会产生影响,对国家整体经济也会产生很大的影响。当家庭为

> 负责消费活动的主体叫作家庭。家庭是指以家族为单位的经济单位。但在当代社会，随着消费单位成为个人，消费者代替家庭成了消费的主体。

购买高质量的财物和服务做出合理的选择时，企业也会生产高质量的物品和服务。

从国家层面来看，消费的增加能够搞活经济。消费增加时，生产会相应地增加，生产增加时，用工也会增加。而如果用工增加，整体的收入就会增多，然后消费就会再次增加。在这种循环结构中，经济就会活跃起来。

但是，仅仅消费增加并不是什么好事。消费是指收入中除去储蓄的部分，所以在收入一定的情况下，如果消费增加，储蓄就会减少。从长期来看，储蓄减少的话，可以投资生产的资源就会减少，因此会对国家经济发展造成不利影响。个人没有进行合理消费，而是盲目进行超前消费的话，国家整体经济也会变得困难。

相反，如果消费全面减少，国家经济也会面临困境。消费减少，生产就会萎缩，生产萎缩，企业就会减少用工。用工减少，整体收入就会随之减少，消费就会再次萎缩。虽然看似微不足道，但家庭的经济选择会对整个国家经济产生巨大影响。

·影响消费的因素

消费受收入水平的影响。收入提高的话，消费也会增加。如果拥有很多财产，就可以卖掉其中一部分来用作消费资金，因此消费也会增加。

但如果物价上涨，手中的钱能够买到财物

> **物价**
> 物价是指市场多种商品的价格或服务费以综合数值的平均数值显示的价格水平。物价持续上涨被称为通货膨胀，如果发生通货膨胀，钱的价值就会随之下降。

或服务的量就会减少,因此消费也会减少(见图3-2)。如果利率提高,人们会把更多的钱用于储蓄,负债的人也会需要支出更多的利息,因此消费也会随之减少。像这样,收入水平和财产、物价水平、利率等都会对消费产生很大的影响(见图3-3)。

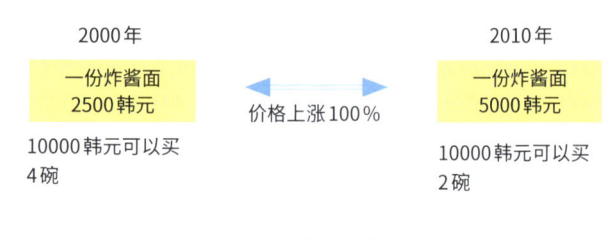

2000年
一份炸酱面
2500韩元
10000韩元可以买4碗

价格上涨100%

2010年
一份炸酱面
5000韩元
10000韩元可以买2碗

图3-2 物价对消费的影响

因此,家庭要考虑到家庭成员一生收入水平的变化,进行合理的消费活动。一般来说,青年时期收入水平较低,但到了中老年,收入水平就会提高,到了退休时期收入水平会再次

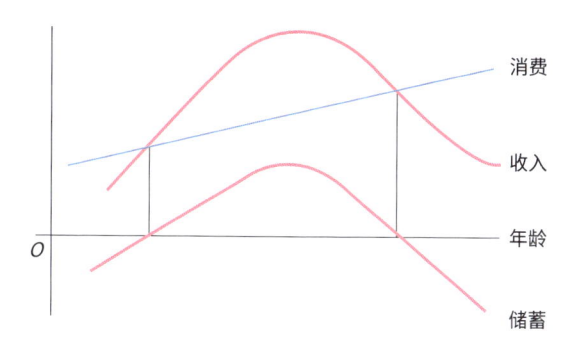

图3-3 收入-消费曲线

下降。相反，消费支出在整个一生中都会维持相似的水平。年轻时既要结婚，又要买房子，所以消费支出可能会高于收入水平。

人们在青年时期产生的债务要在消费支出高于收入水平的中老年期偿还。而且还要为退休后的生活储蓄。只有这样，才能在收入下降的退休后也能享受稳定的消费生活。

生产的主体：企业

企业是为了进行专门生产而成立的组织。自给自足的原始社会不需要专门生产的组织。但随着市场的形成，生产和消费的分离，企业出现了。如今，企业的作用越来越大，因此，如果企业不存在，人们将很难买到想要的商品或服务。

不仅如此，企业还为家庭提供工作岗位、改善商品或服务质量以及制造新产品，从而提高消费者的生活质量。另外，企业在创造新产业的同时，也会缴纳税金，为国家的财政做出贡献。企业还会进行跨国经济活动，助力改善国家形象。

企业进行生产活动的最重要原因是为了获

得利润。企业要想进行生产活动，必须具备多种生产要素，为了管理和监督这些生产要素，需要投入很多的费用。企业的生产活动也会带来很多风险。例如，在生产过程中发生事故或计划出现差池就可能会导致企业无法正常生产物品或服务或是令已经生产出来的物品或服务遭遇市场的冷落。尽管需要投入很多的费用、承担很高的风险，企业还是愿意进行生产活动，理由就是为了获得利润。

这里所说的利润是指从企业收入中减去生产成本后剩余的收入。虽然从收入中扣除会计成本剩下的就是会计利润，但要想计算经济利润，还需要考虑看不见的成本，即机会成本。

在企业家通过生产获得的附加价值中，当扣除工资、地租、利息等传统生产要素成本后剩余的利润大于自己放弃的所有费用之和时，才会产生组织、经营企业的欲望。

> 会计利润 = 收入 – 会计成本
> 经济利润 = 收入 – 生产所需的机会成本

企业家（entrepreneur）一词在萨伊于1803年著述的《政治经济学概论》一书中被首次使用。企业家要想获得利润，必须具备市场要求的特性。对企业家来说，最重要的是要具备了解消费者需求的能力，即洞察消费者需要什么样的商品或服务的能力。

另外，企业还需要拥有创造出这种商品或服务的技术或技巧，即拥有创造出别人无法创造的东西或者以比别人更便宜的价格创造相同商品的能力。为了具备这样的技术和技巧，需要付出很多努力和成本。这种努力和成本的投资是无法得到保障的、非常具有不确定性的选择。但这种不确定性就是利润的源泉。

同时，企业也需要有把自己擅长的领域专业化、有效利用和管理自己生产资源的能力。特别是需要进一步减少生产成本的能力。如果要进行水稻种植，就要拥有判断在自己的稻田和租借的稻田中，雇用工人和租借机器中，哪种方法能减少费用的能力。

·什么是企业家精神

企业家精神（entrepreneurship）出自具有"冒险"和"尝试"之意的法语（entreprendre）。正如前文所说，企业活动存在很多不确定性。

> **企业家精神**
> 是指为了追求企业本质的利润和履行社会责任,企业家应该具备的姿态和精神。

> 企业家精神是冒着风险重新开始事业的态度。爱迪生的留声机,计算机操作系统等都是企业家精神的产物。

尽管存在这种不确定性,仍然有企业家为了获得利润而进行企业活动,这种冒险精神和挑战精神就是企业家精神。换句话说,预测未来的洞察力和大胆挑战新事物的创新精神就是企业家精神。

我曾经说过:"所谓企业家,就是把经济资源从生产率和效益低的地方转移到更高地方的人。"这是强调企业家在组织和经营企业的过程中,需要发挥企业家精神,生产高质量的产品或服务,并通过在市场上展开公平竞争,提高消费者生活质量,培养优秀人才,实现劳动者的福利,为经济注入活力。

出生在奥地利的美籍经济学家熊彼特（Schumpeter）把通过新的生产方法和商品开发，从而革新技术、带头进行创造性颠覆（creative destruction）的革新者定义为企业家。他认为，企业家的这种创新精神才是发展经济和技术的动力。

企业家精神不仅仅是企业经营者所需要的品德。无论做什么事情，只要能以创新和挑战精神攻克难关，创造性地发展自己负责的领域，那就是发挥了企业家精神。如果大家也学习企业家精神的话，会不会更接近未来的梦想呢？

财政的主体：政府

在工业革命前的资本主义初期，政府只具有国防、外交、治安等保护国民的职能，并相

公共服务

国家或公共团体为实现公共福利提供的国防、外交、治安、教育、交通、医疗等服务。

社会间接资本

指虽然没有直接用于生产活动，但为了顺利进行经济活动必须投入使用的社会基础设施。社会间接资本是公共财产，一般由政府或公共机关主导实施，代表性的有道路、港口、铁路等。

公共援助

是指国家或地方自治团体为了保障没能力维持生活、生活困难的国民的最低生活水平以及使其自立，根据一定的保护标准实施的公益事业。

信大部分经济问题都可以通过市场来解决。但是随着经济结构的复杂化以及国民要求的多样化，政府的活动范围也扩大了。为了满足国民公共需求、提高社会福利，仅靠市场经济是无法解决的。因此，政府提供国防、外交、治安、教育、保健等公共服务的同时，也开始提供道路、港口、机场、铁路等社会间接资本（social overhead capital）。另外，政府还通过公共援助（public assistance）帮助生活困难的人，并为了实现社会经济发展、扩大就业、稳定物价等经济目标，增加了制定和执行政策的职能。

政府所做的这些事情叫作财政活动。政府为了确保财政活动所需资金的稳定，会征收税金。税金具有促进国民收入公平的功能。收入水平高或资产多的人要比收入水平低或资产少的人缴纳更多的税金。政府会从收入高的人那里收取更多的税金，然后以公共援助的形式分给收入低的人。

政府的经济活动具有以下特点。

① 财政必须按照事先制定的预算执行。

② 家庭的经济活动是为了使效益最大化，企业的经济活动是为了使利润最大化，而政府的经济活动则是为了使政府提供的公共服务效益最大化。

③ 在财政上，纳税人和公共服务的受益者可能会有所不同。

④ 因为家庭收入是有限的，所以要在收入范围内进行支出，但财政首先决定支出规模，然后确保其所需收入。

⑤ 家庭或企业的经济活动根据当事人之间的合同或协议进行，而财政则由公共权力强制执行。

“20xx 预算”为了让社会间接资本发挥更大作用……
国防
外交
治安
道路
通信
教育
社会间接资本
医疗
政府
保健
道路
铁路
社会福利
公共服务
港口

扩展知识

公地悲剧

我们在第三章学习了谁带动经济发展，知道了消费的主体是家庭，生产的主体是企业，财政的主体是政府。家庭提供劳动力这个生产要素，企业支付购买生产要素的财物。以提供生产要素为代价分配获得的家庭收入就是消费的源泉，所以生产和消费以分配为中心。

家庭、企业、政府等各经济体都会在生产和消费活动中承担适当责任并行使权利，因此所有经济活动都能顺利运行。如果参与经济活动的人只行使权利而不想承担责任的话，会带来怎样的后果呢？

美国加利福尼亚大学圣塔芭芭拉分校的生态学教授加勒特·哈丁（Garrett Hardin）在1968年发表了题为《公地的悲剧》（*The Tragedy of the Commons*）的论文。不是某个人拥有，而是由整个社会所拥有的资源被称为公共资源，无论是谁，如果逃避管理责任，只行使所有权的话，公共资源一旦被滥用，就会有枯竭的危险。

以市民公园为例。如果不另设公园管理人，让市民自行管理的话，任何人都会想乱扔垃圾或随意使用设施，最终公园会荒废。因此，这种公共资源应该由政府负责管理，或者利害关系人聚集在一起，通过制定协议限制权利的行使。

"公地悲剧"这个概念被广泛应用于多个领域,特别是在经济学中作为说明政府作用的概念被广泛使用。在经济上,公共用地即公共资源(common resources),是指自然资本或社会公共资本,包括空气、地下资源、江、湖以及国家或地方自治团体拥有的土地等。

不仅是自然形成的资源,港口、道路等以公共目的建造的社会间接资本也属于公共资源。哈丁认为,所有人只想把这种公共资源用于自己的经济活动上,而不想付出同等的代价,这会令他们得到比自己付出的成本更多的效益。但如果放任这种走势,公共资源最终会因人们随意使用而荒废。因此,为了长期保存公共资源让更多的人使用，政府需要积极介入。在当代市场经济中，政府不仅要成为财政的主体，还要起到完善市场、有效管理公共资源的作用。

我们是用爸爸努力工作（生产活动）赚的钱（收入）进行购物（消费活动）的吗？
是的，消费也是家庭的权利。
消费增加，生产就会增加，生产增加，用工就会增加。
如果用工增加，社会整体的收入和消费就会继续增加，从而盘活经济。
但是不能浪费。
哈哈哈，当然了。如果超前消费，整个国家都会有陷入困境的可能。
所以要节约。
企业提供顾客需要的商品并纳税，为财政做贡献。
按需消费吧。
政府只收税，应该很轻松吧。
不是的。政府要满足公共需求，提高社会福利。这是个人或企业无法做到的。
政府提供国防、教育、医疗等公共服务以及道路、铁路等基础设施，帮助生活困难的人，制定并执行经济政策。
国防服务
物流服务
哇，政府做的事情好多啊。
为了国家的发展，这是理所应当的。

现在还在卖那种东西啊？
是呢。
CD播放器、收音机、盒式磁带都是新产品。只要15万韩元！
比MP3还贵呢。送给我我都不要。

第四章

价格和价值

到目前为止,我们了解了家庭、企业、政府的经济活动。那么我们究竟在生产、分配、消费什么呢？接下来,让我们了解一下商品和服务的种类,以及在经济活动中起到信号作用的价格和价值吧。

人们在生活中使用各种物品，并从其他人那里得到各种帮助。人们用的东西叫作物品。物品不仅包括看得见的东西，还包括空气和电力等肉眼看不见但具有物质使用价值的，也包括像金钱、股票等本身没有物质使用价值，但在社会制度内得到使用价值认可的无形财产。但是，像教育、医疗等能够帮助别人的行为不叫物品，而是叫服务。

物品有哪些呢

·自由物品和经济物品

物品中有几乎无限供应、不需要买卖、任何人都可以拥有的东西。相反,也有想要的人很多,但因供应有限,需要买卖或只有特定的人才能拥有的东西。

例如,晴朗的天空、明亮温暖的阳光给我们带来了很多效用,但是人们不能自由地买卖它们。在经济学中,这种因为几乎无限存在而不用买卖或无法独自拥有的物品被称为自由物品(free goods)。相反,可以被买卖或限制使用的物品被称为经济物品(economic

> **自由物品**
> 有助于满足人类的欲望,又像空气一样无处不在,不需要付出代价就能自由获得的物品。
>
> **经济物品**
> 有助于满足人类的欲望,但由于数量有限,为了得到它需要付出代价的物品。

goods）。我们平时为了解决衣食住行而使用的几乎所有物品都是经济物品。

那么人们生活中不可或缺的水或空气是自由物品还是经济物品呢？

虽然水资源非常丰富，但根据情况的不同，水有时也不能免费使用。江水舀起来就能喝，但矿泉水就要在店里花钱买。所以，水不能说是绝对的自由物品。像这样，根据不同的情况，水可以成为经济物品，也可以成为自由物品，因此被称为相对自由物品。

那么空气呢？空气也是无限存在，任何人都可以随意呼吸的。但最近因为大气污染，出现了呼吸新鲜空气需要付费的情况。这种情况下，空气就和水一样，成为相对自由的物品了。

那么，人们也可能会产生这种好奇：广播或网络是自由物品还是经济物品呢？

人们在听广播节目时，不需要另外付钱，所以可以说是自由物品。收音机本身需要花钱购买，所以是经济物品。不交纳收视费就无法观看的有线电视广播属于经济物品。网络的情况是，免费网站是自由物品，收费网站是经济物品。

那么，在社会制度中，可以买卖的无形资产有哪些呢？

无形资产是指像专利权、著作权、营业权等不具有物质形态，但人们可以相互买卖的资产。无形资产在人际关系中，即在人们制定的社会制度内可以进行买卖的关系中，被称为关系资产（relational goods）。

关系资产 (relational goods)
是非物质资产，在一定的社会制度下可以随时与物质资产进行交换的资产。

虽然金钱和股票本身不具有物质使用价值，但它们都属于关系资产，在人际关系中具有随时可以与物质资产交换的价值。广义上来说，关系资产也是经济物品的一种。但是严格分类的时候，它与物质上的资产区分开来，叫作关系资产。

·消费品和资本财

消费品是指我们在日常生活中直接消费的产品。直接消费的产品被称为"直接产品"，为了消费而最终制作完成的产品被称为"成品"。资本财是指在生产过程中消耗的，除去劳动力（人力资源）和土地（自然资源）的所有物质资源。

也就是说，如果大家在糕点店买面包吃，

那么面包就是消费品。但如果汉堡店老板为了制作汉堡而买了面包，那么面包就是资本财。因为购买即将成为汉堡原料的面包相当于生产消费（我们之前已经学习过）。

·耐久财和非耐久财

根据使用时间可以对物品进行分类。一般来说，可以使用1年以上的物品被称为"耐久财"。使用不到1年就耗损完的物品被称为"非耐久财"。非耐久财中，使用一次就耗损完的被称为"一次性商品"。"耐久财"买一次就可以长时间使用，因此经济不景气的时候，需求就会减少。

但是"耐久财"和"非

耐久财
使用时间比较长的物品。

一次性商品
使用一次就耗损完的物品。

耐久财"并不仅仅是以使用时间为标准来区分的。

例如，衣服可以穿很长时间，但属于"非耐久财"。"耐久财"和"非耐久财"可以成为消费品，也可以成为资本财。

桌椅是"耐久财"。但是父母在公司使用的桌椅是资本财，大家在家里使用的桌椅是消费品。非耐久财也一样。父母在公司使用的橡皮擦是资本财，大家在家里使用的橡皮擦是消费品。

·替代品和互补品，独立品和结合品

有两个用途相似的物品，如果其中一个没有了，消费另一个也能获得相似满足感的话，这两个物品便互为替代品。这时，两个物品之间有替代关系。相反，比起单独消费某一物品，同时消费另一物品时能够获得更大满足的物品被称为互补品。这时两个物品存在互补关系。

替代关系可以联想"死了张屠夫，不吃浑毛猪（少了某人或某种条件也能办好事情）""以鸡代雉（退而求其次）"等俗语，补充关系可以联想"针线不相离（形影不离）"等俗语。

很多时候，家里没有米饭，人们就煮拉面吃。这时米饭和拉面是相互替代的关系。但是煮拉面时觉得量有点不够，而用剩下的汤泡了凉米饭吃的话，那么米饭和拉面就不是替代关系，而是互补关系。

因此，替代关系和互补关系是相对的，会

根据情况和用途的不同发生变化。

书籍和白糖、煤炭和墨水无论是在一起消费还是单独消费时，都不会对消费满意度产生任何影响。像这样在使用的过程中不会对双方产生影响的物品叫作独立品。相反，汽水瓶和瓶盖、眼镜和眼镜片之间有着密切的关系，如果分开的话，经济价值就会消失。这种情况是结合品。

台式电脑和笔记本电脑之间是什么关系呢？一般来说，使用台式电脑时，就不需要使用笔记本电脑。因此，比起两种物品一起消费，这两种物品单独消费时满意度会更大，因此，它们之间是替代关系。

> 想想猪肉价格降低的情况。当一些人的收入增加时，他可以不去消费价格下降的猪肉，而是选择消费牛肉。这时牛肉是优质品或常规物。

电脑显示器与保护眼睛的护目镜的情况是怎样的呢？两者一起消费时的满意度会更高，所以护目镜是显示器的互补品。电脑主机与显示器的关系呢？没有显示器就无法使用电脑了吧？这两件物品密不可分，分别使用时没有任何效用，因此是结合品。

·优质品、劣质品和"吉芬商品"

需求随着收入增加而增加的物品被称为优质品。相反，收入增加后，需求反而减少的物品被称为劣质品。如果是正常的物品，收入增加的话，其需求也会增加。所以优质品也被称为常规品。

贫穷时吃大麦饭的人，随着收入水平的提高而开始吃米饭的话，那么，大米就是优质品，大麦就是劣质品。但是随着收入水平的进一步提高，为了健康再次吃了大麦饭而减少了对大米的消费，那么，大麦就是优质品，大米就是劣质品。如上所述，优质品和劣质品是与物品的质量或价格无关的相对概念，而是根据购买者需求的变化来区分的。

还有种商品，在收入不变的情况下，价格下降时，人们对它的需求反而会减少。这种商品被叫作"吉芬商品"（Giffen goods）。

一般来说，人造黄油价格便宜，天然黄油价格贵。人们在钱不够充裕的时候会买便宜的人造黄油吃，钱充裕的话，会买相对昂贵的天然黄油吃。这时，天然黄油是优质品，人造黄油是劣质品。从另一方面来看，天然黄油和人造黄油还起到互相替代的作用。如果没有天然黄油，人们就会吃人造黄油。当然，根据个人喜好，有的人喜欢天然黄油，也有人喜欢人造黄油。这种情况下，天然黄油和人造黄油是独立品。

但是，在人们的收入不变，人造黄油的价格又低于一定水平时，会怎样呢？人们会怀疑人造黄油有问题而不愿意购买，转而会去买昂贵的天然黄油。像人造黄油一样，价格下降，需求反而减少的物品被称为吉芬商品。

一般来说，物品价格下降，人们需求会变多，价格上涨，人们需求就会变少。这就是"需求定律"。吉芬商品现象是脱离这种需求法则的例外现象。吉芬商品也是在现实生活中很少出现的物品。

为别人提供帮助

我们在生活中并不只需要物品,还需要其他人的帮助。没有别人的帮助,在学校听课、在网上查找资料、在商店买东西、坐公交车或地铁、收发快递等事情都是无法实现的。

在这些帮助中,有父母抚养我们、朋友帮忙提沉重的包等不需要支付费用的情况,但大部分情况都是需要支付费用的。像这样对别人付出并收取费用的行为叫作服务或劳务。

服务是指别人提供的、需支付费用的帮助。其中,像医生的诊疗、警察的治安等行为一样,生产即被消费的服务被称为直接服务,需要与某种物品相结合才能完全成为消费对象的服务被称为间接服务。

例如，货物运输时，货车需要与运输者的驾驶相结合；仓储时，仓库需要与保管人的管理行为相结合。在汉堡店售卖汉堡的行为则是与汉堡材料、厨师的烹饪、营业员的销售互相结合的结果。这些叫作间接服务。

经济活动的信号

价格是指以货币表示物品或服务的价值。人们会在市场上将物品或服务的价值与货币的价值进行比较，以至于双方能够相互交换。因此，价格起到了经济交换中的信号作用。

狭义上的价格是指购买物品或服务时需要支付的货币数量，广义上的价格是指相互交换物品或服务时的比率。以货币为单位标示的价格是绝对价格，交换财货或服务时的比率是相对价格。

不仅是物品，劳动和资本也存在价格。以劳动为代价获得的工资、以资本为代价获得的利息就是各自的价格。在法律、传统、制度的基础上，可以拥有和交换的所有东西都存在价格。

相比之下，价值是分辨物品或服务是否有用，或者考虑到这种用处时，是否有支付意愿的信号。价值的大小会随着自己的想法、欲望、感情或意志的变化而变化。这些因素是主观的。因此，相同的物品和服务，认为其价值高的人，即使价格昂贵，他们也愿意购买，而认为其价值低的人，即使价格便宜，他们也不愿意购买。

价值是指通过使用物品或服务能够感受到

的效用，即根据满意度决定其大小，因此又被称为使用价值、效用价值。可以说，能够满足人们日常生活中的需求和欲望的一切物品或服务都具有价值。

我们认为某些东西有价值的原因是我们能够从中得到满足。人们对价值的评估最终会形成价格，但这并不意味着有人强制上调价格，其价值就会提高。因为价格只起到帮助人们判断某种商品是否值得购买的信号作用。

有一位老奶奶，一个人孤零零地过日子，她家厨房里有一个存放杂粮的瓷罐。

有一天，一位美术评论家来到她家，发现了瓷罐。他注意到瓷罐是价值1000万韩元以上的古董。1000万韩元的价格，是知道瓷罐具有古董价值的人按照行情换算而成的。但是对于那位奶奶来说，瓷罐除了装杂粮，没有其他任何价值。

像这样，随着个人感受到的效用不同，物

品或服务的价值会发生变化。其价格也会根据价值而定。

我们有很多想买的东西，比如漂亮的文具、玩具、紫菜包饭、炒年糕、冰激凌等我们想要和想吃的东西。有需求的人想以低廉的价格购买这些东西，但是制造并销售它们的人却想以高价出售。因为他们想要赚钱。由于买方和卖方心中的价位不同，所以需要有第三方来调整价格。

价格由谁来调整取决于经济体制。具有代表性的经济体制有计划经济和市场经济。计划经济由国家定价。这时买方和卖方的意愿都不会被反映出来。相比之下，在市场经济中，价格取决于购买物品或服务的人与售卖人之间的讨价还价。

在市场经济中，物品或服务的价格取决于供需间的平衡。与想要购买的人相比，销售的物品或服务短缺时，即使需要支付更高的价格，也会有人想要购买。这种情况下，价格会上涨。相反，销售的物品或服务过剩时，购买的人相对少，售卖的人为了多卖就会降低价格。像这样，随着需求和供应的变化，价格上下浮动的情况称为价格调整。亚当·斯密解释说，价格是由市场中"看不见的手"调整的。

以炒年糕为例。学校附近的炒年糕店每天都有很多客人。有些人等到辣炒年糕卖光了，都没有买到。这样的话，即使店主稍微提高价格，炒年糕也会卖得很好，因为辣炒年糕很受欢迎。

很少有人去的胡同里也有炒年糕店。因为

没有客人，店主每天都愁眉苦脸。店里堆满了卖不出的炒年糕。店主即使降低价格也想把炒年糕卖出去，所以炒年糕的价格自然会下降。

价格上涨的话，需求就会减少，相反，价格下降的话，需求就会增加，这种关系被称为需求法则。与此对应，价格上涨时供应量会增加，价格下降时供应量会减少的关系是供给法则。

如果需求量和供应量一致，价格将不再上下浮动，实现价格均衡。价格均衡时，消费者可以随心所欲地购买，供应商也可以做到生产多少便卖出多少，因此购买者和销售者都会满意。

价格不仅受供需变化的影响，还受其他各种因素的影响。除了需求量和供应量，收入水平和生产成本等也会对价格造成影响。

再回到炒年糕的例子。如果大家手头变得宽裕会怎么样呢？即使炒年糕的价格上涨，想要买来吃的朋友也会增加吧？因为钱有了富余。

如果零用钱减少呢？因为有很多花钱的地方，所以买炒年糕的钱不够了。这时只有炒年糕降价，才会有人买来吃吧。

那么，这次换成炒年糕原料价格上涨会怎么样呢？炒年糕店老板表示，原料价格上涨，炒年糕的价格也会随之上涨。因为他需要卖炒年糕来赚取利润。

如果原料价格下降呢？价格降低的话生意就会好，所以店主会为了多卖一点而降低价格。

另外，即使是同样的商品，店铺不同，销售价格也会有所不同。买方会考虑是否有可以替代的其他商品，卖方会考虑竞争者有多少，因此即使是同样的商品，价格也会有所不同。

一般来说，卖700韩元的冰激凌会在小区超市打5折，以350韩元的价格出售。但是，在附近没有店铺的夏季海水浴场或棒球场里，同样的冰激凌能卖到1000韩元。与小区超市不同的是，由于浴场或棒球场周边没有便宜卖冰激凌的店铺，而在这些场所消费冰激凌又能让人获得特别的满足，所以即使价格贵，人们也会买来吃。

我们很容易在周围发现像这样随着销售场所或品牌的不同，销售价格存在很大差异的情况。

在海水浴场，冰激凌卖得更贵，是因为很难找到可以替代冰激凌的商品。如果小区超市里的冰激凌卖得贵的话，可以去其他店铺，或者购买冷饮等其他让人满意的商品，但是在海水浴场却不能随心所欲，在既没有可以替代的商品和店铺，又想吃冰激凌的情况下，即使价格昂贵，人们也会买来吃。这时，卖冰激凌的人会因以高价售卖获利，买冰激凌的人也能获得在炎热的海边吃到冰激凌的特别满足感，因此这对经济是有益的。

在同一商店里，如果同一种商品以不同的价格被卖给消费者，这叫作价格歧视。价格歧视的原因是为了赚取更多的利润。电影票价的情况是，早场时间段为5000韩元，周末时间段为9000韩元，相差近1倍。早起去电影院的

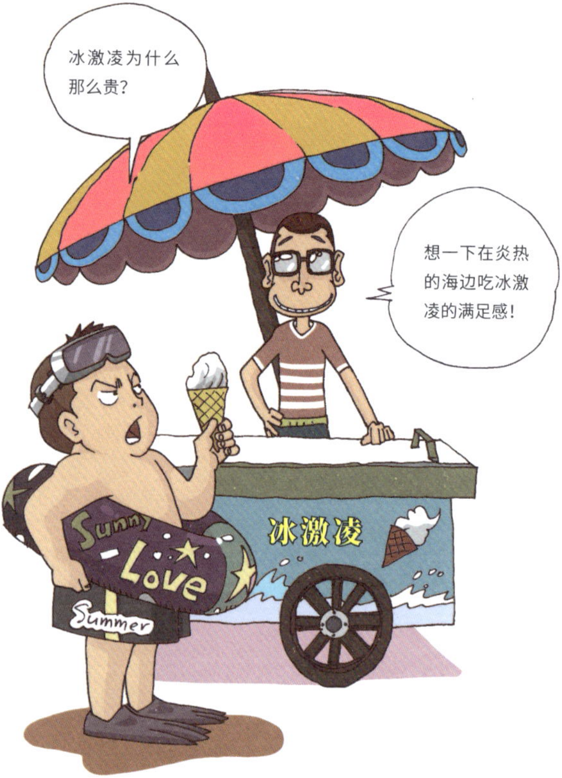
冰激凌为什么
那么贵?
想一下在炎热
的海边吃冰激
凌的满足感!
冰激凌
Sunny
Love
Summer

话，就能以便宜近一半的价格看到电影。电影院的运营费在早上或周末是一样的，但价格却有如此大差异的原因是想要看电影的人对金钱价值的感受不同。对价格敏感的学生或收入较低的人，即使时间段多少有些不便，也愿意以较低的价格去看电影。对价格不敏感的忙碌上班族或收入高的人，即使价格高，也愿意在方便的时间段看电影。

> **价格歧视**
> 为了销售更多生产费用相同的商品，对不同消费者制定不同价格的情况被称为价格歧视。

有趣的电影上映了。不上学的那天，学生A早起去看打折电影。电影很有意思，但他还是觉得贵。他后悔应该再等一下，去影碟租赁店租个碟来看的。但是学生A的爸爸和妈妈在周六下午也一起看了电影。爸爸说，虽然以两倍的价格看了同样的电影，但心情依然很好。他们不会心疼钱吗？

学生 A 看打折的早场电影都会心疼钱，相反，爸爸以两倍的价格看也不觉得心疼。这是因为双方对金钱价值的感受不同。

电影院就根据消费者的这种态度，设置了不同的价格。在观众不多的早晨时间段，通过降低价格来吸引对价格敏感的消费者，在不缺观众的周末时间段，通过提高价格来提高利润。

价格弹性
消费者对价格敏感的情况称为"需求价格弹性大"，消费者对价格迟钝的情况称为"需求价格弹性小"。

这种价格歧视的事例在生活中有很多。比如在游乐园、体育设施、自助餐厅、游泳场等地，卖方会对儿童和大人收取不同费用，对军人或警察进行优惠收费，有些大型超市会在晚上进行食品打折等。另外，为了增加同一种商品的出口，还会发生在国内以高价销售、在海外以低价销售的情况。

比起国内商品的价格，如果出口商品的价格过低，产品进口国就很容易在国外企业没有与本国企业进行公平竞争上提出抗议。这被称为倾销。根据情况，进行倾销的企业有时也会需要支付巨额罚款。

有种情况是，对于同一种商品，根据交易者或场所制定不同的价格，这叫作价格双轨制。这是为了调节物价或有效执行公益事业。电费是价格双轨制的代表性例子。通常，住宅用电比商业用电更便宜。

> 扩展知识

斯密悖论

某种商品的使用价值是指通过消费该商品获得的满意度的总和,即"总效益"。另外,交换价值是指想要与其他商品交换时愿意支付的市场价格,即"边际效益"。

让我们来比较一下水和钻石吧。如果不能喝水,人可能会死亡,因此水虽然具有相当高的使用价值,但价格相对来说非常低廉。这就是交换价值低。相反,钻石的使用价值虽然没有水高,但其价格即交换价值非常高。这是因为它的稀缺性。稀缺性弱的商品即使使用价值高，其市场价格也会低。相反，稀缺性强的商品即使使用价值低，其市场价格也会高。

指出使用价值和交换价值的大小不一致的人就是被称为经济学之父的亚当·斯密。所以

这一发现又被称为"斯密悖论"或"钻石与水悖论"。

一般来说，水的交换价值非常低，无法和钻石相提并论。但在沙漠中，情况可能会有所不同。一口水可能比几克拉大小的钻石具有更大的交换价值。

扩展知识

价格泡沫

·价格泡沫的历史

价格泡沫是指具有一般价值的商品，在需求者和供应者可以接受的适当价格下没有完成交易，而在价格像泡沫一样高度膨胀下完成交易的情况。

人们被贪欲蒙蔽双眼，无法做出合理选择的情况很多。不想通过正当的经济活动获取利润，而是瞄准价格的非正常变动，一次性赚大钱，这种行为叫作投机。但是投机引起的价格泡沫最终会崩溃。不仅是想一夜暴富的人，正当参与分配过程的人也会遭受巨大损失。

从历史上看,价格泡沫会反复出现。有关价格泡沫的最早记录出现在公元前2世纪的古罗马。当时罗马法保障自由资产的流动,因此可以进行高息贷款或外汇交易。随着市场的发展,商人们掀起了投机热潮,导致了过度征税和通货膨胀。最终泡沫崩溃,很多人因此成为穷人,过着悲惨的生活。

·荷兰郁金香泡沫(1634—1638)

荷兰的郁金香泡沫是历史上知名的价格泡沫事件。当时的荷兰社会非常开放,只要有钱,任何人都可以成为身份地位高的人。郁金香在16世纪中期传播到欧洲,荷兰人认为郁金香是高贵身份的象征。

郁金香的花根一度以比同等重量的黄金价格更高的价格成交，特别是具有独特色彩的稀有郁金香品种会以更高的价格成交。结果，郁金香价格在一个月内最高上涨了50倍，形成了畸形市场。从当时的记录来看，一株"皇帝郁金香"就能买到荷兰首都阿姆斯特丹的一栋豪宅。据说人们用卖掉1000头黄牛的钱，买了40株郁金香，还都非常高兴。到了1637年，郁金香泡沫达到了顶峰。但是随着没有人再买郁金香的传闻不断扩散，拥有郁金香的人都想以低价贱卖郁金香，郁金香的价格瞬间暴跌到原价格的百分之一以下。随着郁金香泡沫事件的结束，荷兰经济陷入了严重的恐慌，作为世界第一经济大国的主导权也被英国夺走。

·美国次贷危机（2003—2008）

20世纪90年代中期，为了搞活经济的美国一直实施着低利率政策。当时，投资者们认为把钱存到银行很难获得太大的利益，就把目光转向了房地产。房地产业的行情因此急剧上涨，人们开始贷款投资房地产。

随着有钱人用自己的钱买房挣了钱，能向银行借钱的人也通过买房挣了很多钱，政府制定了让信用低的低收入阶层也可以从银行贷款购买房子的贷款手段，这就是次级抵押贷款。由于美国金融当局管控宽松，美国的金融公司将这种非优质债券与优质债券混合，转换成溢价多倍的金融商品，出售给全世界的金融公司，然后再用这笔钱投资房地产。房价因此上涨，建筑商们开始大量增加住宅供应。人们看到，在利率低的情况下房价持续上涨，便开始以投机为目的向银行借钱购买非自住的房子，结果美国的房地产市场出现了泡沫。利率上涨后，对偿还贷款利息和本金有负担的人开始着急出售房子。出售的房子增加后，房价暴跌，无力偿债者的房子被银行收回，但这时的房价早已抵不了当初银行借出去的钱，银行遭受了巨大损失。美国五大投行中有三家申请破产或被其他银行合并，次贷危机爆发了。

美国金融危机对全球产生了影响，许多国家都因此经历了金融危机。韩国也遭受了巨大损失。

你说一株郁金香1亿韩元？这太不像话了……
哦，你这个人！
你不知道在市场经济中，物品或服务的价格是由买家和卖家讨价还价决定的啊？
郁金香的价格是2亿韩元！因为随着供应和需求的变化，价格也会浮动。
你要是答对问题的话，1亿韩元卖给你！
好……
像空气一样无限供应，不需要付出代价就能获得的物品叫作什么？
自由物品。
回答的不错。得出点难题了。由于数量限制，
需要付出代价才能获得的物品是？
经济物品。
专利权、著作权、营业权等在社会制度下人们可以买卖的无形资产是？
关系资产。
日常生活中直接消费的物品是？
消费品。
使用较长时间的物品是？
耐久财。
收入增加需求量就会减少的劣质品中，价格下降到一定水平时需求量减少，并且不适用需求法则的商品是？
吉芬商品。
我们来救你！
这……
哇！是救援直升机！

结语

供给能够创造其本身的需求

俗话说"千金难买我愿意"。既然如此,最好选择自己认为更有价值的东西。工业革命初期的经济学家萨伊也有同样的想法。他立足于对自己有用的才有价值这一点,阐明了生产、分配、消费产生的原理。

我们从早上起床到睡觉,不停地做着选择。但是,选定意味着在选择那个东西的瞬间,要放弃成为比较对象的其他所有东西。是再睡5分钟还是马上起床,是刚起床就叠被子还是洗完脸再叠;上学时间很紧,是吃完早饭选择迟到,还是放弃早饭选择按时到校;是坐公交车,还是坐地铁……我们需要不停地选择。

当我们选择更有价值的东西时,我们可以获得更大的满足感。但问题是,在那么多的选择中,其中任何一个出现失误,其他很多选择也会受到影响。生活中会有这种情况,明知道这个东西是对自己更有用的,却没有做出正确的判断,而做出了其他选择。瞬间的选择决定一生的事情不计其数。

萨伊在工业革命初期社会急速变化的过程中,在研究个人和社会做出何种经济选择更有益的过程中,发展了近代经济学。

在工业革命带来经济环境剧变的情况下，人们会研究生活究竟会因什么而满足，近代经济学便应运而生。早期的神学家及哲学家都是从神学或哲学的角度出发，摸索解决经济问题的方案，数学家和物理学家则是试图通过归纳法来解释经济走向。萨伊是企业家出身的经济学家，这是比较罕见的。

随着企业在社会变革期开展经营活动变得困难，萨伊通过实践归纳了市民社会和资本发展的必要性，确立了如何解决生产、分配、消费等基本经济问题的基本理论。因此，萨伊的经济学理论在强调企业重要性的同时，又具有现实性意义。

亚当·斯密等现代人文主义经济学家强调劳动的重要性，认为生产价值源于劳动力，主张劳动价值论。萨伊认为生产价值源于产品的用途，因此提倡效用价值论。根据效用价值论，炒年糕的价值不是由做炒年糕的人的工钱，即人工费来决定的，而是由炒年糕有多好吃以及吃炒年糕的人有多满意决定的。因此，在分配上，他认为产品的用途，即创造效用时投入的劳动力、土地（自然环境）、资本这三种要素应该均衡地得到认可，因此提出了"三位一体公式"。以效用价值论和"三位一体公式"为中心，近代经济学实现了飞跃性的发展。

萨伊在他的著作《政治经济学概论》中写道："所谓某种事物的价值，不仅在于为生产该事物而投入的人类劳动力，还在于平均地利用土地等自然资源、积累的生产物资本等创造出的事物用处，即效用。"因为效用是同时利用劳动、土地、资本创造出来的，所以这三个要素的重要性没有本质上的差异。如果漏掉三个要素中任何一个，就无法创造效用。因此，劳动者、资本家、土地所有者以生产为代价获得的工资、利润、利息或地租都可以说是正当的、同等努力的代价。特别是资本，它是人们节制使用消费能力、节约生产成果的结果。如果人们把能消耗的东西都消耗殆尽，那么生产的东西将全部消失，任何人都无法将产品积累形成资本。因此，资本是节制和节约的产物，私有财产神圣不可侵犯。同时，萨伊强调了生产的三要素，特别是资本的重要性。

最近，人们对经济教育的关注度正在增加。经济教育让人们合理地思考生活中遇到的各种问题，并将正确的选择方法谙熟于心，从

萨伊：生产、流通和消费

而过上幸福的生活。随着经济的发展和经济环境的**复杂化**，了解经济的运作原理有助于人们更好地生活。最重要的是在温饱问题上实现自由。爱情、名誉、学问、艺术、健康等固然重要，但如果不能在此之前解决温饱问题，一切都会成为镜花水月。

教科书正在试图以多种事例说明基础理论，老师们也在努力通过多媒体或游戏等多种方法教授经济。但经济依然困难，将所学的内容应用到生活中更加困难。

因此，我认为，在经济学尚未成熟之前，初期经济学家萨伊构建的关于经济以何种面貌发展的相关理论基础视角，即通过价值理论、生产和分配理论分析我们所面对的基础性问题视角，能让我们更容易理解被认为很难的经济。

让我们仔细回想萨伊为什么强调效用的重要性，因为他强调资本是不亚于土地和劳动力的生产要素的同时，解决了我们在现实中遇到的各种经济问题以及是学习还是玩、零用钱花在哪里的烦恼。我也衷心地期望，大家克服新经济环境的挑战精神能被唤醒。